LE VENDÉE GLOBE DE SAMANTHA DAVIES

Une aventure autour du monde pour sauver des enfants

Dessins de
Mathias Rebuffé

Scénario : Mathias Rebuffé, Samantha Davies, Tristan Duchet
Mise en page : Juliette Kermarrec
Idée originale : Lucia Duchet

www.chemindescretes.fr
Imprimé à Péronnas par Sepec en octobre 2021
Dépôt Légal : 2e semestre 2021
ISBN : 9791095743323

Imprimé & relié en France par Sepec

IMPRIM'VERT

Préface de Samantha Davies

Le livre que vous tenez dans les mains est un nouveau rêve qui se concrétise pour moi: celui de partager en images ma passion avec le plus grand nombre et notamment les enfants. Toute ma jeunesse, j'ai été inspirée par des grandes figures de la voile, Tracy Edwards pour n'en citer qu'une.

Aujourd'hui, j'ai à cœur d'essayer à mon tour de transmettre cette passion pour la voile, les valeurs qu'elle porte et les aptitudes que ce sport développe: le courage, il en faut un petit peu, la mixité, et surtout la capacité à ne pas baisser les bras. C'est ce dont je suis le plus fière sur ce Vendée Globe: repartir malgré le choc physique et psychologique de la collision pour boucler le tour du monde et sauver ainsi cent trois enfants, c'est ma victoire à moi.

Pour cela, j'ai pu compter sur le soutien de toute l'équipe technique d'Initiatives-Cœur, de ma famille, de mes sponsors mécènes et sur les nombreux messages que vous m'avez envoyés.

Un immense merci à toutes et à tous!

Oh oh! Je crois que la course va bientôt commencer... Vous venez avec moi?

Sam Davies

Vous pouvez soutenir Sam Davies pendant ses courses en suivant le compte Initiatives-Cœur sur les réseaux sociaux.

À A & A. amers adorés !
Mathias

10 ... 9 ... 8 ... 7 ... 6 ... 5 ... 4 ... 3 ...
2 ... 1 ... TOP!
DÉPART DU VENDÉE GLOBE!
YES WE CAN!

NOUS SOMMES 33 À NOUS ÉLANCER, SEUL(E)S SUR NOTRE GRAND BATEAU, POUR UNE COURSE AUTOUR DU MONDE QUI VA DURER TROIS MOIS !
RIEN QUE D'Y PENSER, ÇA DONNE LE VERTIGE !

JE M'APPELLE SAMANTHA DAVIES. JE SUIS LA SKIPPER DU BATEAU «INITIATIVES-CŒUR», CELUI AVEC DES CŒURS PARTOUT!
IMOCA
VINCI
initiatives
K•LINE
SAUVEZ UN ENFANT!
initiatives-cœur.fr

WAHOU ! J'AI PRIS UN BON DÉPART ! ET MAINTENANT ...
IMOCA GLOBE SERIES
J'AI LA PLANÈTE DEVANT MOI !!
MECENAT CHIRURGIE CARDIAQUE
FANT !

Mais au fait... Le Vendée Globe, c'est quoi ?

Un tour du monde en course à la voile !

21 000 milles en solitaire*, sans escale, sans assistance, c'est une aventure humaine et sportive extrêmement difficile ! On l'appelle « l'Everest de la voile », c'est dire...

Le parcours traverse les **trois grands océans** : l'Atlantique, l'Indien et le Pacifique...

Les marins doivent passer par **trois caps mythiques** : le cap de Bonne-Espérance, le cap Leeuwin et le redouté cap Horn...

Samantha va passer environ **80 jours toute seule sur son bateau !** 80 jours, ça fait un peu moins de trois mois, soit presque une saison entière ! Pour mieux comprendre, Samantha part vers la Toussaint et rentre après Noël !

Durant son périple, elle va expérimenter tous les climats : un départ de France dans **la grisaille de l'automne**, le passage de l'équateur sous **un soleil de plomb**, puis **le froid et les tempêtes** des mers du Sud, avant de remonter vers **la chaleur** de l'équateur et de revenir **en hiver** en France.

Dur pour l'organisme de s'adapter à autant de changements si rapides !

Zone d'exclusion des glaces : les skippers ne peuvent pas entrer dans cette zone, qui a été créée pour éviter le risque de collision avec des icebergs autour de l'Antarctique.

PREMIÈRE SEMAINE
LA COURSE EST PARTIE À UN RYTHME EFFRÉNÉ. IL FAUT ÊTRE À FOND DÈS LE DÉBUT ET 24 HEURES SUR 24 ...
À BORD, IL FAUT VITE SE RÉHABITUER À LA VIE PENCHÉE ET MOUILLÉE ...
... AUX BRUITS ASSOURDISSANTS ET PERMANENTS ...
BONG
BIP BIP
BIP
BONG
... AUX MOUVEMENTS VIOLENTS DU BATEAU QUI S'ENVOLE SUR SON FOIL ...
OUHLÀ !
initiatives-coeur.fr
... PUIS RETOMBE BRUSQUEMENT DANS UNE VAGUE ...
AÏE !!
BONGG

IL FAUT AUSSI TRÈS SOUVENT VÉRIFIER QU'ON NE VA PAS RENTRER DANS UN AUTRE BATEAU, MÊME SI ON A UN RADAR ET DES ALARMES QUI NOUS AVERTISSENT SI UN BATEAU EST TROP PROCHE.
UN ENFANT !
BIP BIP BIP
OH, OH... ON N'EST PAS PASSÉ LOIN...
DANS CE DRÔLE DE MONDE INSTABLE ET PÉRILLEUX, IL FAUT PENSER À MANGER...
... ET À DORMIR UN PEU.
1 - ATTENDRE LA FIN DE LA VAGUE 2 - LÂCHER LA POIGNÉE 3 - ATTRAPER LA CUILLÈRE 4 - PRENDRE UNE BOUCHÉE 5 - RATTRAPER LA POIGNÉE.
1 MOUTON, 2 MOUTONS, 3 MOUTONS, 4 VAGUES... AH NON !
BIP BIP BIP
BONGG
ET BIEN SÛR, IL FAUT FAIRE AVANCER LE BATEAU LE PLUS VITE POSSIBLE ET TROUVER LE MEILLEUR CHEMIN : AVOIR ASSEZ DE VENT MAIS PAS TROP, AVOIR DU VENT PLUTÔT PORTANT, AVOIR UNE MER PAS TROP CHAOTIQUE POUR NE PAS ÊTRE RALENTI PAR LES VAGUES.
FRANCE
Açores
Îles Canaries
Équateur
OHLA ! UNE GROSSE TEMPÊTE ARRIVE SUR NOUS !

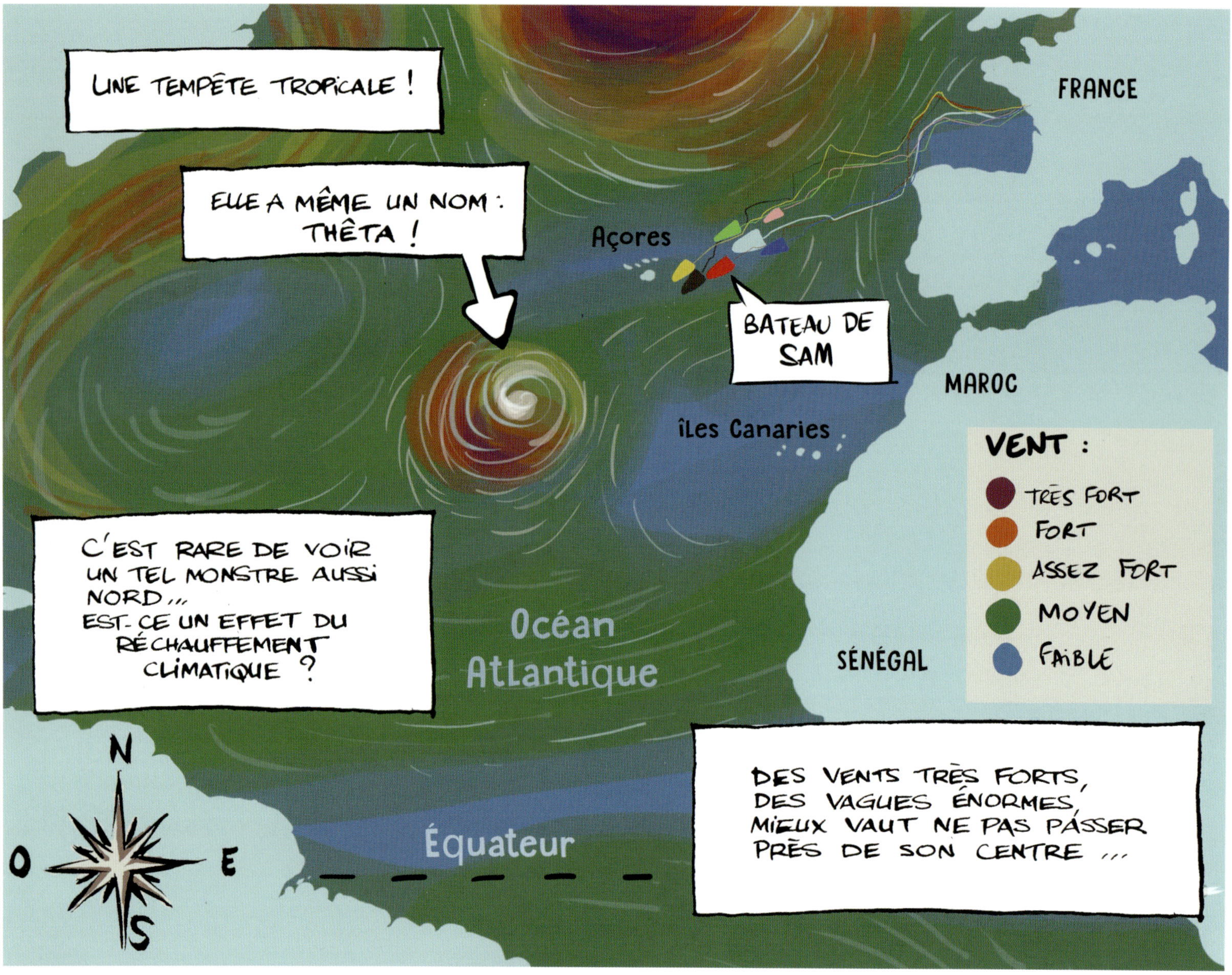
UNE TEMPÊTE TROPICALE !
ELLE A MÊME UN NOM : THÊTA !
Açores
BATEAU DE SAM
FRANCE
MAROC
îles Canaries
VENT :
TRÈS FORT
FORT
ASSEZ FORT
MOYEN
FAIBLE
C'EST RARE DE VOIR UN TEL MONSTRE AUSSI NORD... EST-CE UN EFFET DU RÉCHAUFFEMENT CLIMATIQUE ?
Océan Atlantique
SÉNÉGAL
N
O
E
S
Équateur
DES VENTS TRÈS FORTS, DES VAGUES ÉNORMES, MIEUX VAUT NE PAS PASSER PRÈS DE SON CENTRE ...

JE VAIS ME DÉCALER À L'OUEST POUR L'ÉVITER...

JE VAIS PERDRE DES PLACES AU CLASSEMENT SI D'AUTRES CONCURRENTS DÉCIDENT DE L'AFFRONTER DIRECTEMENT, MAIS TANT PIS.
SAM
ALEX
JEAN

LE VENT SERA TOUT DE MÊME FORT, DONC JE PRÉPARE LE BATEAU EN RÉDUISANT LES VOILES : 2 RIS DANS LA GRAND VOILE ET UNE PETITE VOILE D'AVANT : LE J3.
IL Y A UN LEXIQUE À LA FIN DU LIVRE !
CE SONT DES MANOEUVRES DURES AVEC CES IMMENSES VOILES...

JE DOIS SURTOUT PRENDRE SOIN DE MON BATEAU CAR LA ROUTE EST LONGUE. L'EXPÉRIENCE DE MON DERNIER VENDÉE GLOBE, OÙ J'AI PERDU MON MÂT DANS UNE TEMPÊTE, M'INCITE À LA PRUDENCE.
C'ÉTAIT IL Y A 8 ANS ET JE M'ÉTAIS ALORS PROMIS DE REVENIR PLUS FORTE.
ALLEZ SAM ON T'AIME !
MERCI POUR VOTRE SOUTIEN JE REVIENDRAI

Mais d'où vient Samantha Davies ?

Samantha naît au bord de la mer, à Portsmouth dans le sud de l'Angleterre, et elle est tout de suite embarquée sur le bateau de ses parents !

Enfant, elle est fascinée par les bateaux de courses, majestueux oiseaux des mers, qui partent pour des destinations mystérieuses…

Adolescente sportive, Sam fait de la natation, de l'aviron et de la natation synchronisée à très bon niveau.

Sans oublier la voile, surtout en dériveur et surtout quand il y a plein de vent !

Sam suit des études d'ingénieur, dans le but de devenir architecte navale ou du moins, de travailler dans le domaine de la voile.

Elle aime toujours naviguer mais n'imagine pas qu'elle fera un jour des courses au large !

Elle veut tout de même progresser et accumule de l'expérience en cherchant des embarquements sur des régates ou des courses.

À 22 ans, elle envoie sa candidature à son idole, la grande navigatrice Tracy Edwards, qui monte un équipage de femmes pour battre le record du tour du monde sur un énorme catamaran !

Et Tracy engage Sam !

Malheureusement, le catamaran démâte dans l'océan Pacifique. Sam continuera dès lors à naviguer sur les grandes courses.

Elle arrive à un niveau tel qu'elle intègre en 2009 le cercle fermé des marins qui ont fini le Vendée Globe, le tour du monde en solitaire ! Et elle se classe 4e !

D'autres courses prestigieuses suivront, comme l'Ocean Race, un tour du monde de neuf mois avec escales, où Sam dirige un équipage féminin.

Le projet Initiatives-Cœur avec MÉCÉNAT CHIRURGIE CARDIAQUE

Depuis 2017,
Samantha est la skipper
du bateau Initiatives-Cœur.

Le projet a été créé par Tanguy de Lamotte, premier skipper d'Initiatives-Cœur. En plus de financer le bateau et les courses, les sponsors (Initiatives, VINCI Energies et K-LINE) donnent 1 € à Mécénat Chirurgie Cardiaque pour chaque nouveau fan sur les réseaux sociaux.

Mécénat Chirurgie Cardiaque permet à des enfants qui souffrent de malformations cardiaques de venir en France se faire opérer, lorsqu'ils ne peuvent pas être soignés dans leur pays par manque de moyens techniques ou financiers. Cette association a été fondée par la professeure Francine Leca, première femme chirurgienne cardiaque en France.

Depuis 1996, plus de 3700 enfants ont été opérés.

IMOCA
D'AILLEURS, QUI EST CETTE PETITE FILLE SUR LA VOILE DE SAM ?
C'EST ARDACHA ! ELLE A 8 ANS ET VIENT DU CONGO. À CAUSE DE SON CŒUR, ELLE NE PEUT PAS COURIR AVEC LES AUTRES ENFANTS. ELLE SE FATIGUE TROP VITE.
BONNE NOUVELLE ! L'ARGENT POUR SON OPÉRATION A PU ÊTRE COLLECTÉ GRÂCE À INITIATIVES-CŒUR ! ARDACHA S'ENVOLE POUR LA FRANCE OÙ UNE FAMILLE D'ACCUEIL L'ATTEND.
FRANCE
CONGO
LÀ, SON PETIT CŒUR EST RÉPARÉ PAR LES CHIRURGIENS CARDIAQUES.
ET C'EST PARTI POUR UNE NOUVELLE VIE !
Plus Sam navigue en course, plus elle va récolter de l'argent pour aider d'autres enfants à se faire opérer !
ÇA FAIT CHAUD AU CŒUR !

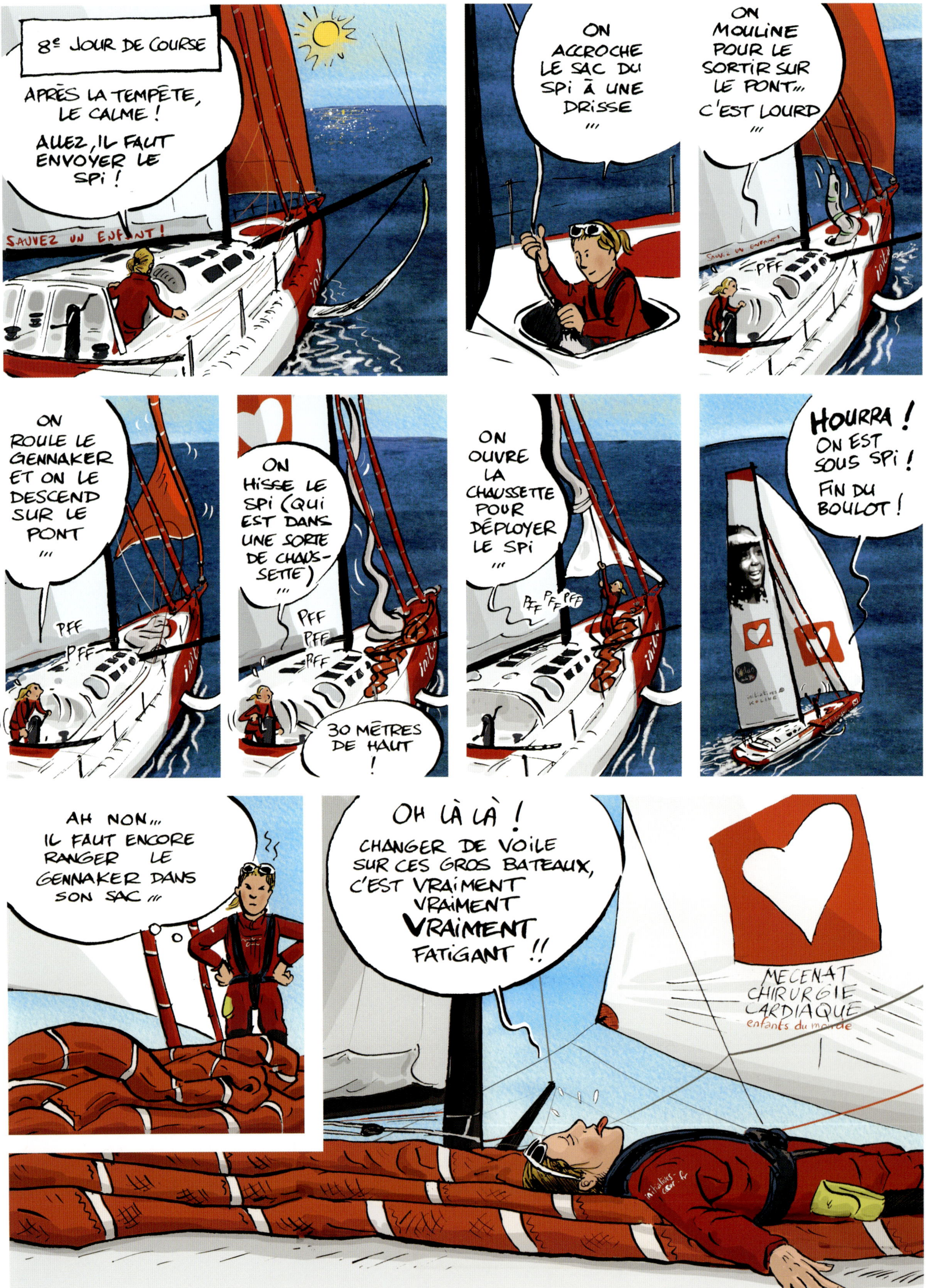
8e JOUR DE COURSE
APRÈS LA TEMPÊTE, LE CALME !
ALLEZ, IL FAUT ENVOYER LE SPI !
SAUVEZ UN ENFANT !
ON ACCROCHE LE SAC DU SPI À UNE DRISSE ...
ON MOULINE POUR LE SORTIR SUR LE PONT... C'EST LOURD ...
PFF
ON ROULE LE GENNAKER ET ON LE DESCEND SUR LE PONT ...
PFF
PFF
ON HISSE LE SPI (QUI EST DANS UNE SORTE DE CHAUSSETTE) ...
PFF
PFF
PFF
30 MÈTRES DE HAUT !
ON OUVRE LA CHAUSSETTE POUR DÉPLOYER LE SPI ...
PFF PFF PFF
HOURRA ! ON EST SOUS SPI !
FIN DU BOULOT !
AH NON... IL FAUT ENCORE RANGER LE GENNAKER DANS SON SAC...
OH LÀ LÀ ! CHANGER DE VOILE SUR CES GROS BATEAUX, C'EST VRAIMENT VRAIMENT VRAIMENT FATIGANT !!
MECENAT CHIRURGIE CARDIAQUE
enfants du monde

11e JOUR
Hémisphère nord
Équateur
Hémisphère sud
ON VIENT DE PASSER L'ÉQUATEUR ! ÇA Y EST, J'AI LA TÊTE EN BAS !!
LA TRADITION VEUT QU'ON FASSE UNE PETITE OFFRANDE À NEPTUNE, LE DIEU DES MERS, POUR QU'IL SOIT GENTIL AVEC NOUS POUR LA SUITE DU PARCOURS ...
UNE GOUTTE DE BIÈRE POUR MON BATEAU ...
UNE GOUTTE POUR MOI ...
ET LE RESTE POUR NEPTUNE !
ET MOI ?
HIPS ! MERCI !

14e JOUR
GRAT GRAT
A
Ste Hélène
D
MAINTENANT IL FAUT BIEN ANALYSER LES PRÉVISIONS MÉTÉO POUR ARRIVER AU PLUS VITE AU CAP DE BONNE ESPÉRANCE SANS SE FAIRE PIÉGER PAR LES ZONES SANS VENT DE L'ANTICYCLONE DE SAINTE - HÉLÈNE !

Pourquoi Sam ne va-t-elle pas tout droit jusqu'à Bonne Espérance ?

Un peu de météo pour mieux comprendre...

Les **anticyclones** sont des zones de hautes pressions. Il y fait beau !

Les **dépressions** sont des zones de basses pressions. Elles sont souvent associées à du mauvais temps voire à des tempêtes.

L'air se déplace (en tournant) des hautes vers les basses pressions : c'est ce qui crée le vent ! Et plus la différence de pression entre un anticyclone et une dépression est importante, plus le vent est fort.

Au centre de l'anticyclone, il n'y a pas de vent : les marins doivent donc l'éviter et le contourner. Le problème, c'est que l'anticyclone bouge et se déforme en permanence... Il faut donc essayer d'anticiper ses mouvements pour ne pas se faire coincer dedans !

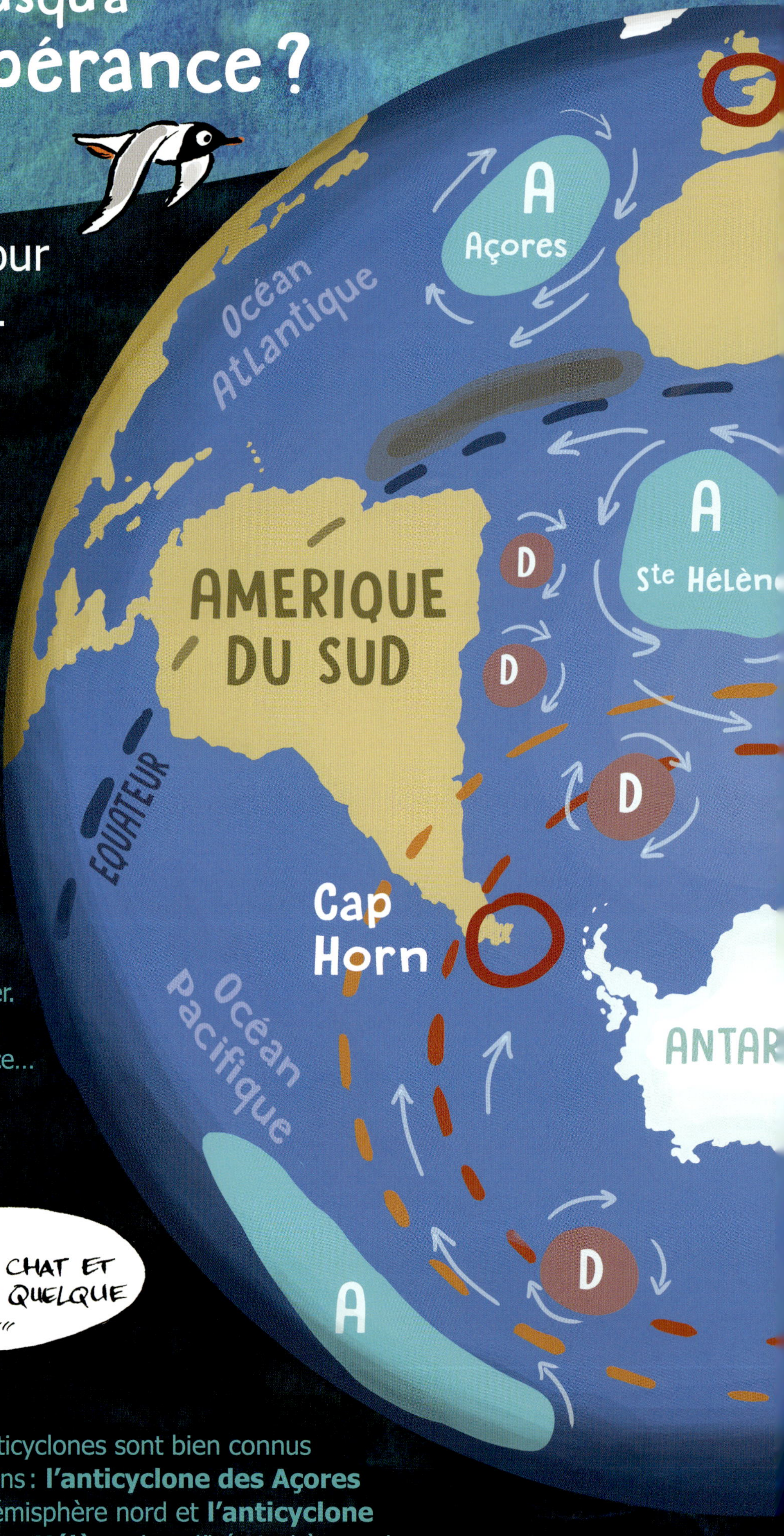

Deux anticyclones sont bien connus des marins : **l'anticyclone des Açores** dans l'hémisphère nord et **l'anticyclone de Sainte-Hélène** dans l'hémisphère sud.

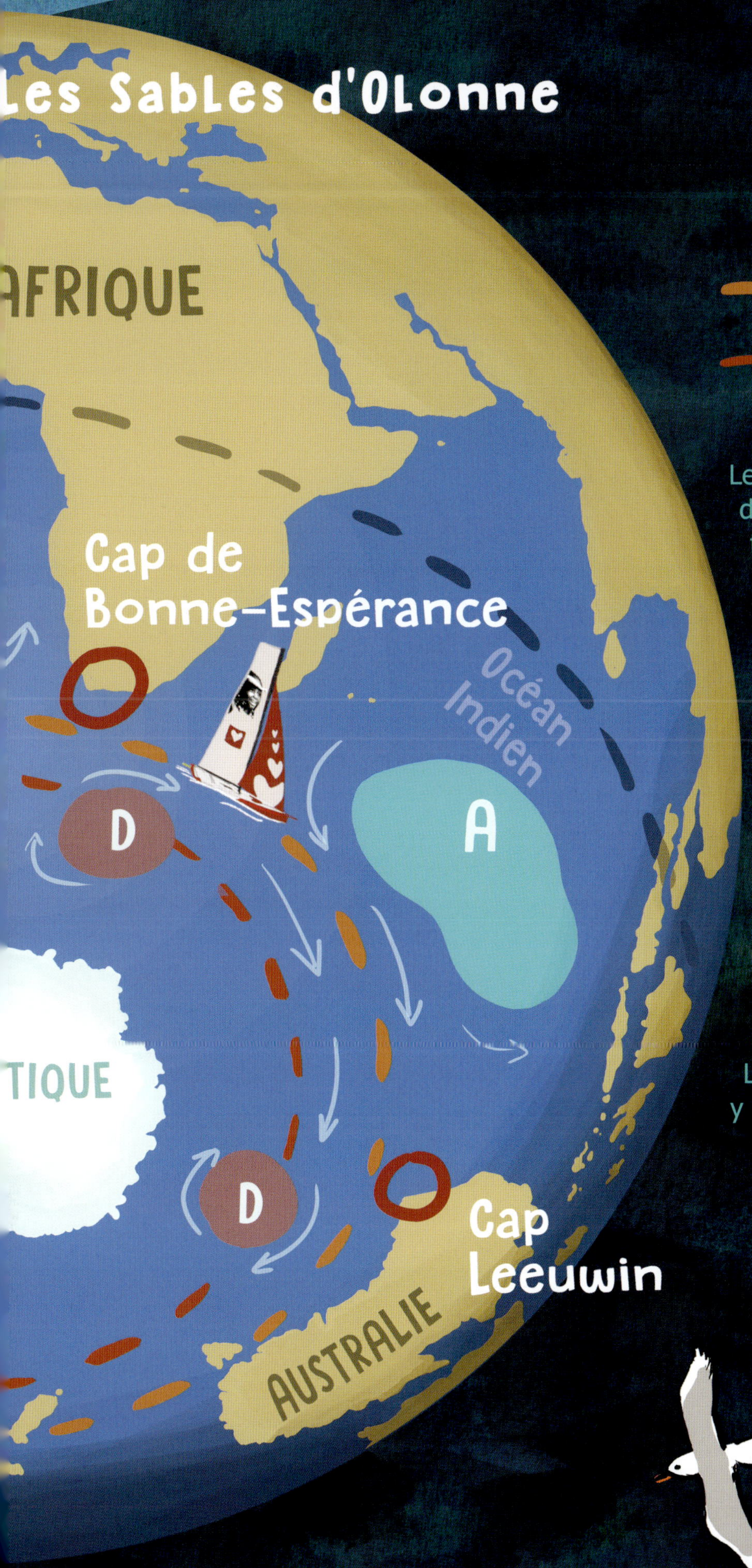

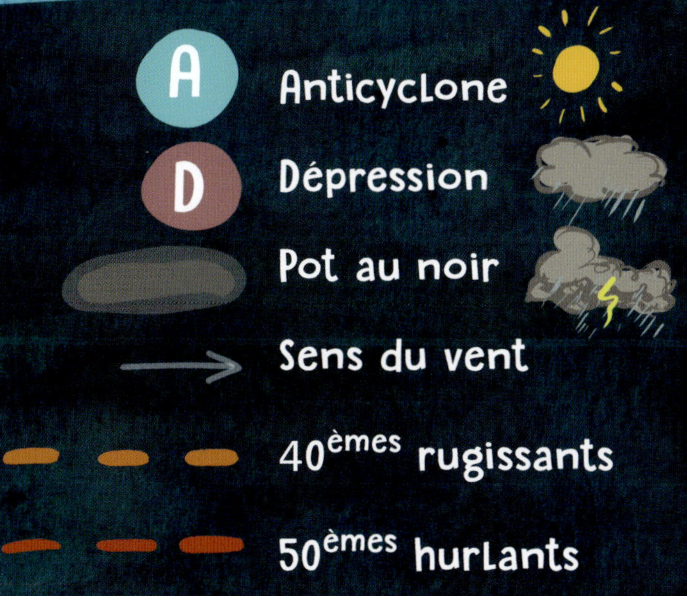

Le **Pot au noir** est une zone proche de l'équateur où les masses d'air tropicales de l'hémisphère nord et celles de l'hémisphère sud convergent. C'est un peu l'anarchie météo ! Il peut y avoir des grains avec beaucoup de vent et des orages, ou pas de vent du tout !

Dans le Sud, autour de l'Antarctique, aucune terre n'arrête le vent ni les vagues... On peut y trouver des tempêtes exceptionnelles. C'est la zone mythique des **quarantièmes rugissants** et des **cinquantièmes hurlants**. Les marins du Vendée Globe y restent pendant environ un mois.

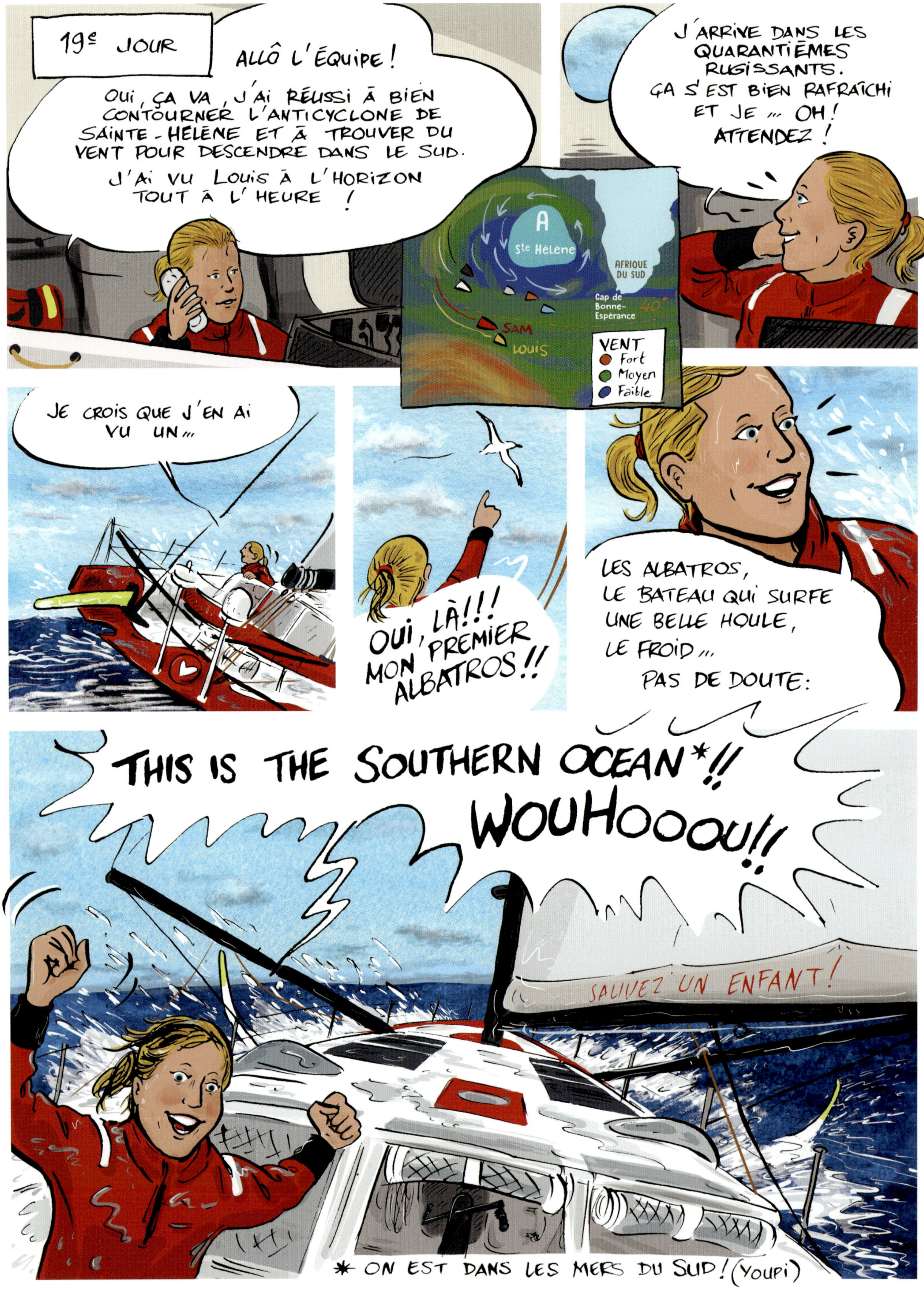
19e JOUR
ALLÔ L'ÉQUIPE !
OUI, ÇA VA, J'AI RÉUSSI À BIEN CONTOURNER L'ANTICYCLONE DE SAINTE-HÉLÈNE ET À TROUVER DU VENT POUR DESCENDRE DANS LE SUD.
J'AI VU LOUIS À L'HORIZON TOUT À L'HEURE !
A
Ste Hélène
AFRIQUE DU SUD
Cap de Bonne-Espérance
40°
SAM
LOUIS
VENT
Fort
Moyen
Faible
J'ARRIVE DANS LES QUARANTIÈMES RUGISSANTS. ÇA S'EST BIEN RAFRAÎCHI ET JE… OH ! ATTENDEZ !
JE CROIS QUE J'EN AI VU UN…
OUI, LÀ !!! MON PREMIER ALBATROS !!
LES ALBATROS, LE BATEAU QUI SURFE UNE BELLE HOULE, LE FROID… PAS DE DOUTE :
THIS IS THE SOUTHERN OCEAN* !!
WOUHOOOU !!
SAUVEZ UN ENFANT !
* ON EST DANS LES MERS DU SUD ! (YOUPI)

23e JOUR
QUELLE BEAUTÉ ...
SAUVEZ UN ENFANT
NOUVELLES DE LA COURSE : APRÈS PLUSIEURS HEURES DE RECHERCHE, JEAN LE CAM A RETROUVÉ KÉVIN ESCOFFIER DONT LE BATEAU S'EST CASSÉ EN DEUX ET A COULÉ.
KÉVIN VA BIEN, IL EST MAINTENANT EN SÉCURITÉ SUR LE BATEAU DE JEAN.
BONGG
C'EST CHAUD
OH LÀ LÀ, QUELLE HISTOIRE ! COMMENT UN BATEAU PEUT-IL SE BRISER COMME ÇA ?
CRASHH

* CAPITALE DE L'AFRIQUE DU SUD

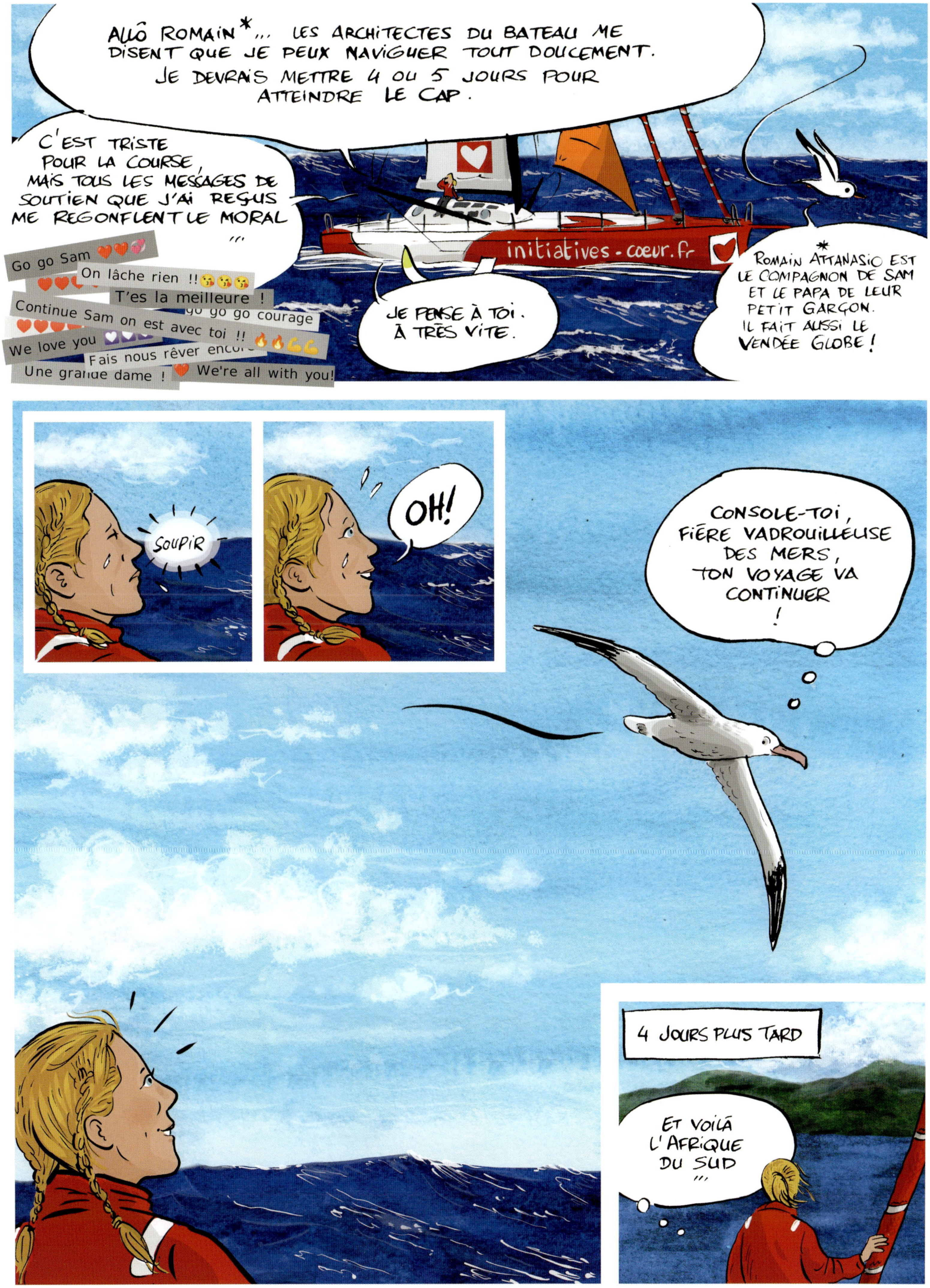
ALLÔ ROMAIN*... LES ARCHITECTES DU BATEAU ME DISENT QUE JE PEUX NAVIGUER TOUT DOUCEMENT. JE DEVRAIS METTRE 4 OU 5 JOURS POUR ATTEINDRE LE CAP.
C'EST TRISTE POUR LA COURSE, MAIS TOUS LES MESSAGES DE SOUTIEN QUE J'AI REÇUS ME REGONFLENT LE MORAL...
Go go Sam
On lâche rien !!
T'es la meilleure !
go go go courage
Continue Sam on est avec toi !!
We love you
Fais nous rêver encore
Une grande dame !
We're all with you!
initiatives-coeur.fr
JE PENSE À TOI. À TRÈS VITE.
* ROMAIN ATTANASIO EST LE COMPAGNON DE SAM ET LE PAPA DE LEUR PETIT GARÇON. IL FAIT AUSSI LE VENDÉE GLOBE !
SOUPIR
OH!
CONSOLE-TOI, FIÈRE VADROUILLEUSE DES MERS, TON VOYAGE VA CONTINUER !
4 JOURS PLUS TARD
ET VOILÀ L'AFRIQUE DU SUD...

SAMANTHA S'EN VA, VOGUANT GUÉRIR LE CŒUR DES ENFANTS OH OH OH OH OH, HISSEZ HAUT !
Bon vent
OH OH OH HISSEZ HAUT ! GO GO GO SAM !!
MERCI LES ENFANTS !! ÇA ME TOUCHE BEAUCOUP ! VOUS SAVEZ QU'ON A RÉCOLTÉ ASSEZ D'ARGENT POUR OPÉRER 30 ENFANTS DEPUIS LE DÉBUT DE LA COURSE ! C'EST GÉNIAL !
Bonjour Sam, est-ce que tu as peur des fois en mer ? Malo, 8 ans
AH OUI, BIEN SÛR ! MAIS J'AIME NAVIGUER POUR TOUS LES MOMENTS TELLEMENT MAGIQUES QUE LA MER NOUS OFFRE !
Est-ce que tu vas reprendre la course ? Céline, 10 ans

TU SAIS CÉLINE, MON ÉQUIPE EST ARRIVÉE AU CAP DEPUIS PLUSIEURS JOURS ET ON TRAVAILLE JOUR ET NUIT POUR RÉPARER MON BATEAU.
ON A AUSSI RENCONTRÉ TOUT UN TAS DE GENS CHOUETTES QUI NOUS AIDENT !
BAM BAM
VRRRR
AÏE !
initiatives-coeur.fr
MON BATEAU VA ÊTRE COMME NEUF !
MÊME SI JE NE SUIS PLUS EN COURSE (PUISQUE LE RÈGLEMENT INTERDIT LES ESCALES ET L'ASSISTANCE), TOUTE CETTE ÉNERGIE POSITIVE ET NOTRE ENGAGEMENT POUR AIDER LES ENFANTS MALADES DU CŒUR ME DONNENT L'ENVIE ET LA FORCE DE CONTINUER L'AVENTURE !
Ouaaaaaaaaaais !

Et si on présentait un peu ce beau bateau ?

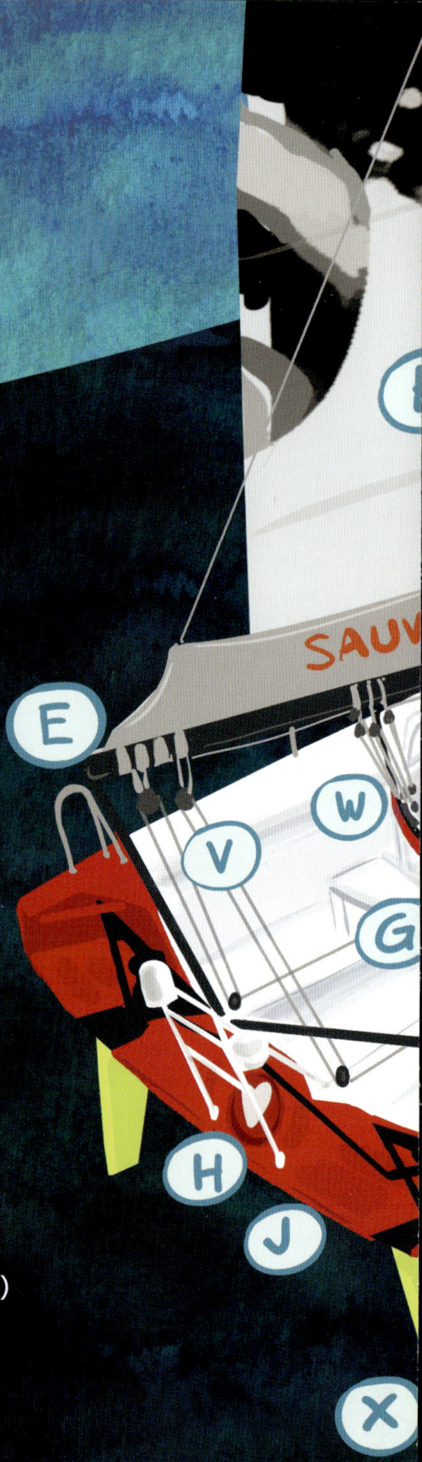

Gréement

- A Étai de J2
- B Voile d'avant
- C Mât
- D Outrigger
- E Bôme
- F Grand-voile

Sécurité

- G Radeau de survie
- H Trappe de survie
- I Cloisons étanches

Énergie

- J Hydrogénérateur (produit de l'électricité grâce à la vitesse du bateau)
- K Panneaux solaires
- L Moteur (charge les batteries)

Cellule de vie

- M Instruments de navigation
- N Coussins
- O Bannette
- P Cuisine
- Q Puits de quille
- R Soute à voiles

Contrôle du bateau

- S Colonne de winch (ou moulin à café)
- T Winch
- U Barre
- V Écoute de grand-voile
- W Hale-bas de grand-voile
- X Safrans

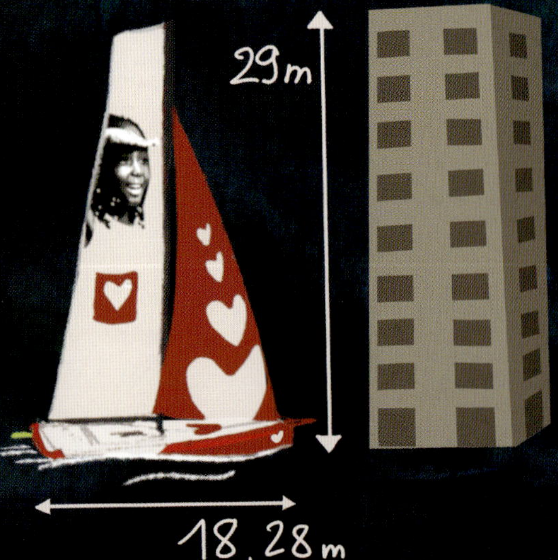

Le mât : il culmine à 29 mètres, soit l'équivalent d'un immeuble de 9 étages… Parfois, Sam doit monter tout en haut pour réparer des instruments ou des voiles.

Les foils : ces « moustaches » ou « ailes d'albatros » permettent au bateau de s'élever au-dessus de l'eau en exerçant une portance, comme une aile d'avion le fait dans l'air. Les deux foils de Sam ont été prénommés Wilbur et Orville, comme les deux frères Wright, pionniers de l'aviation et comme les deux albatros des aventures de Bernard et Bianca !

La quille : avec son bulbe de 3 tonnes à 4,5 m sous l'eau, elle empêche le bateau de chavirer. Elle peut être orientée du côté du vent pour aider le bateau à accélérer. C'est la quille qui a été touchée lors du choc avec l'OFNI, ainsi que son support dans le bateau que l'on appelle le puits de quille.

Les voiles : Sam peut emporter huit voiles pour le Vendée Globe, une grand-voile et sept voiles d'avant de différentes tailles :

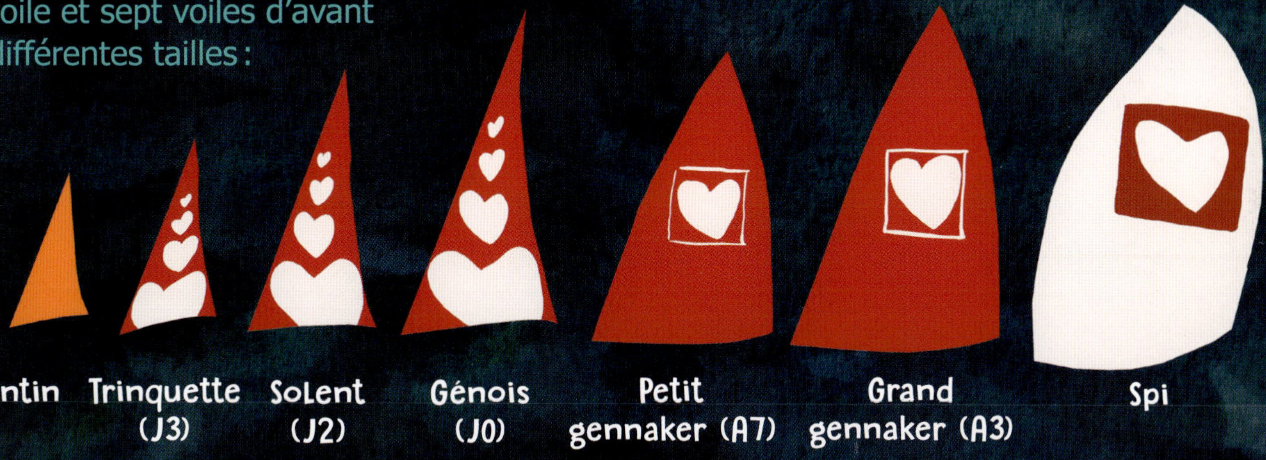

36e JOUR, JOUR DU NOUVEAU DÉPART !
initiatives
K•LINE
C'EST REPARTI ! MERCI MA CHÈRE ÉQUIPE POUR LE TRAVAIL DE DINGUE QUE VOUS AVEZ FAIT !
VA, COURAGEUSE SAM !

12 000 MILLES* D'EAU JUSQU'AU CAP HORN...
MADAGASCAR
AFRIQUE DU SUD
Le Cap
Cap de Bonne-Espérance
La Réunion
Océan Indien
Cap Leeuwin
AUSTRALIE
Nouvelle-Calédonie
Océan Pacifique
40°
Îles Crozet
Îles Kerguelen
NOUVELLE ZÉLANDE
Point Nemo
CHILI
Îles Malouines
50°
Cap Horn
60°
Terre Adélie
ANTARCTIQUE
1000 MILLES
JE SUIS TOUTE SEULE, LES AUTRES CONCURRENTS SONT LOIN ET J'AI MAL AUX CÔTES. ON VA Y ALLER DOUCEMENT POUR COMMENCER.
BON ! L'AVANTAGE D'ÊTRE HORS COURSE, C'EST QUE J'AI PU REFAIRE LE PLEIN DE FRUITS FRAIS ! ÇA CHANGE DU LYOPHILISÉ !
MIAM !
*ENVIRON 22 000 Km.

ENFIN LE SUD ...

46e JOUR
Cher Père Noël,
Alors pour Noël, je voudrais...
Bon en fait, j'ai déjà eu mes
cadeaux et même plus que je
pouvais espérer !! J'ai un bateau
réparé qui marche super bien et qui
me permet de poursuivre mon tour du monde.
Et puis, je viens d'apprendre qu'on a
pu sauver 41 enfants à ce
jour. (j'écris mal mais le bateau bouge!)
Les premiers enfants viendront en
France dès janvier pour se faire opérer.
L'aventure CONTINUE !!
N'hésite pas à t'arrêter tout de même
sur mon bateau quand tu auras
fini ta tournée ! Je te laisserai
du chocolat chaud et une
pomme pour tes rennes.
Love, Sam & Foxy
& Lucky
(mes chères mascottes)
AFRIQUE DU SUD
Le Cap
AUSTRALIE
SÉBASTIEN
SAM
ARI
ALEXIA
MIRANDA
CLÉMENT
îles Crozet
îles Kerguelen
1000 MILLES

* MIRANDA MERRON, AMIE ET CONCURRENTE DU VENDÉE GLOBE.

OH LE GROS GRAIN DE GRÊLE QUI VEUT NOUS GOBER !
TIENS BON, MON BATEAU !
68e JOUR
OUF ! ON SE SENT VRAIMENT TOUTE PETITE ICI ...
... TOUTE PETITE, SEULE SUR LES TRACES DES NAVIGATEURS MYTHIQUES ...
AFRIQUE DU SUD
Le Cap
Cap de Bonne-Espérance
Océan Indien
AUSTRALIE
Kerguelen (1772)
Cap Leeuwin
îLes Crozet
îLes Kerguelen
Dumont d'Urville (1840)
Terre AdéLie
ANTARCTIQUE

PETITE CÉLÉBRATION AUJOURD'HUI !
UNE OFFRANDE À NEPTUNE (AH ÇA, ON LE GÂTE, LUI !) EN HOMMAGE AU MÂT QUI S'EST CASSÉ ICI LORS DE NOTRE TENTATIVE DE RECORD AUTOUR DU MONDE AVEC TRACY EDWARDS. À L'ÉPOQUE, PEU DE MONDE CROYAIT POSSIBLE LA CONSTITUTION D'UN ÉQUIPAGE FÉMININ CAPABLE DE SE BATTRE POUR LE RECORD, MAIS TRACY L'A FAIT !
CHOCO
À NOTRE MÂT, À L'IMPORTANCE DES HÉROS ET DES MODÈLES, À L'INSPIRATION, AU FAIT DE CROIRE EN SOI, À L'AVENTURE.
MÉCÉNAT CHIRURGIE CARDIAQUE enfants du monde
Océan Pacifique
Cook (1770)
Slocum (1896)
NOUVELLE ZÉLANDE
Point Nemo
Moitessier (1969)
SAM
Autissier (1991)
CHILI
Cap Horn
Magellan (1520)

75e JOUR
DERNIÈRE TEMPÊTE AVANT LE CAP HORN …
… ET PUIS LA TERRE … LA PREMIÈRE DEPUIS PLUS DE CINQ SEMAINES !

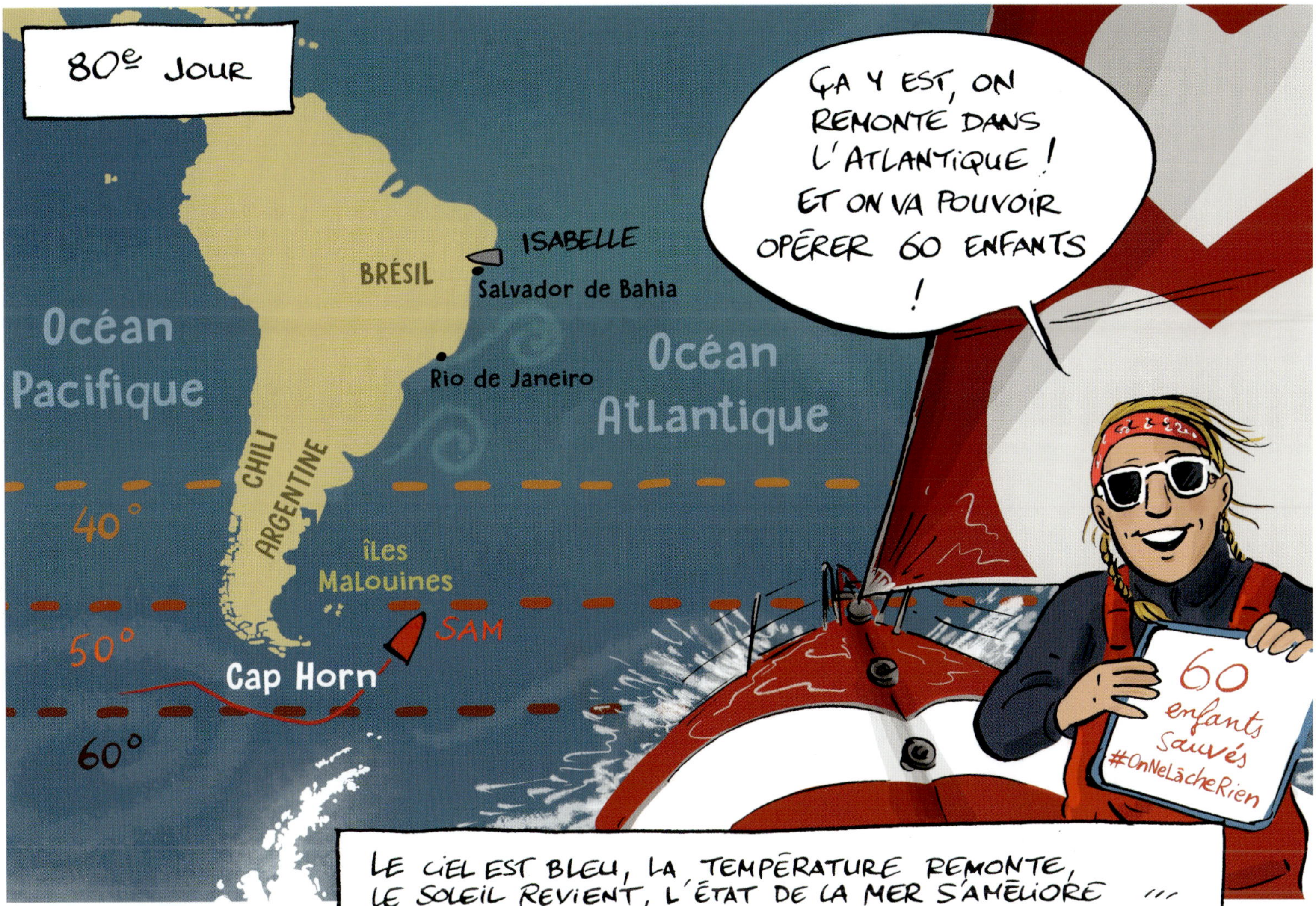

* ON S'EN RÉJOUIT, MON BATEAU ET MOI !

94e JOUR
LA REMONTÉE DE L'ATLANTIQUE C'EST, AU CHOIX, UNE PISTE NOIRE PLEINE DE BOSSES OU UN SHAKER À SMOOTHIE ...
CRAC!
NOOOON!! LA FIXATION DU J2 A LÂCHÉ!!
C'EST UN DES CÂBLES QUI TIENT LE MÂT! VITE, RALENTIR!
IL FAUT SÉCURISER LE MÂT AVEC D'AUTRES CÂBLES ...
... ET... MONTER POUR ENLEVER LE J2 QUI EST MAINTENANT INUTILISABLE ...
ÇA FAIT BIZARRE DE TE VOIR D'EN BAS ...

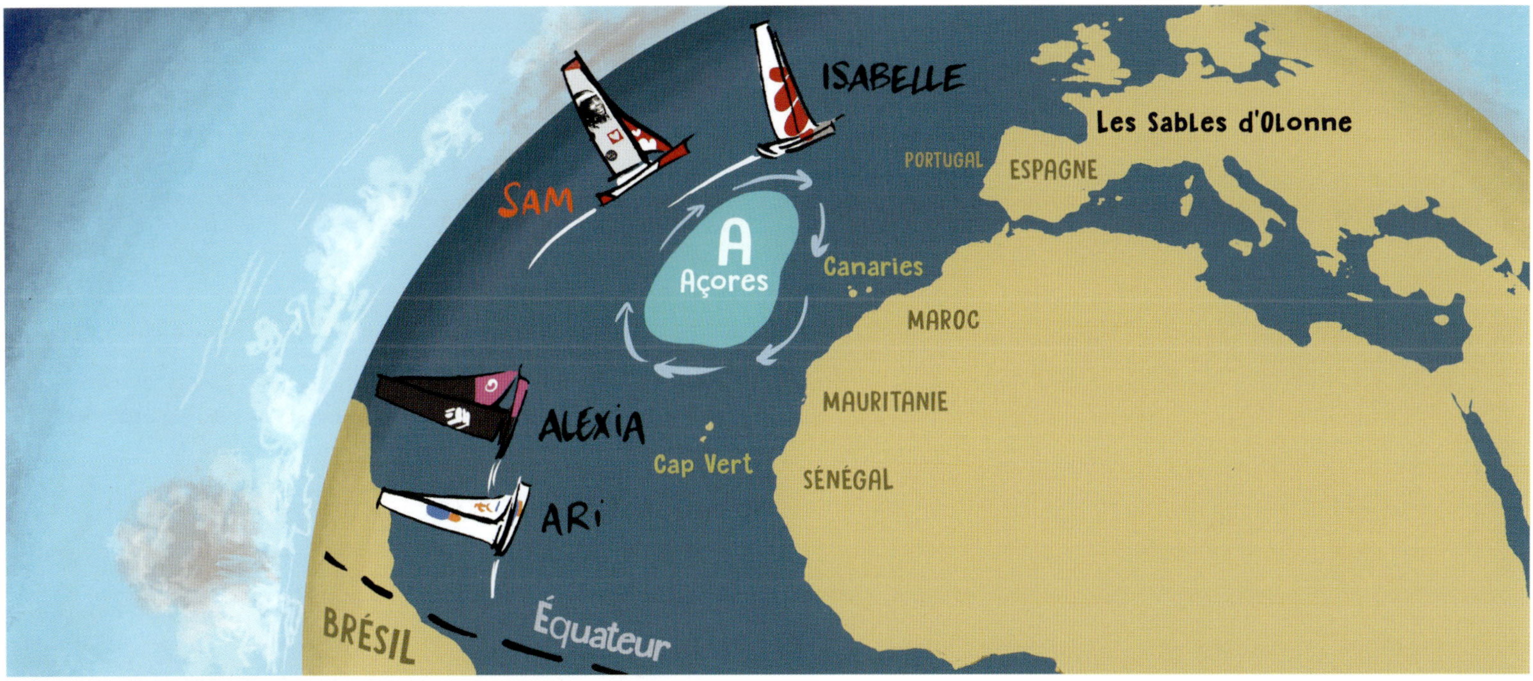

* VILLE D'ESPAGNE

DERNIÈRE NUIT EN MER. JE PRENDS MON TEMPS. ET SI JE TRAÇAIS UN DESSIN SUR L'EAU ? OUI, UN DESSIN POUR REMERCIER MA GÉNIALE ÉQUIPE ET TOUS CEUX QUI ONT PERMIS QU'ON RÉUSSISSE À BOUCLER CE TOUR DU MONDE.
Île d'Yeu
ET SURTOUT POUR RENDRE HOMMAGE À TOUTES CES PERSONNES QUI SE BATTENT POUR OFFRIR UNE VIE MEILLEURE À DES MILLIERS D'ENFANTS.
Les Sables d'Olonne
Vendée Globe
SAUVEZ
initiativ
MAMAN !

MERCI de nous faire RÊVER
BRAVO SAM
MERCI
WE ♥ YOU !
initiatives - cœur.fr
LAISSE-MOI DEVINER : TU ES JUNIOR, TU VIENS DE CÔTE D'IVOIRE ET TU VIENS DE TE FAIRE OPÉRER DU COEUR ! J'AI BON ?
BEN OUI ! ET TU SAIS QUE MAINTENANT JE PEUX COURIR TOUTE LA JOURNÉE SANS M'ARRÊTER !
HA, HA ! GÉNIAL ! ET GRÂCE À LA GÉNÉROSITÉ DES GENS QUI ONT SUIVI LA COURSE ET FAIT DES DONS, ON VA POUVOIR SOIGNER LE COEUR DE 102 AUTRES ENFANTS !
ET CE N'EST PAS FINI ! ON NE LÂCHE RIEN !
" VIVEMENT LE PROCHAIN VENDÉE "
GO GO SAM
MERCI
initiatives-cœur.fr
MZS 21

Lexique

Avarie : Dommage survenu à un navire.

Bannette : Couchette individuelle à bord d'un bateau.

Barre : Partie du gouvernail reliée aux safrans et actionnée par le skipper du bateau pour le diriger.

Bôme : Barre rigide fixée à l'horizontale à la base du mât d'un bateau qui maintient et oriente la grand-voile.

Chaussette à spi : Accessoire permettant de faciliter la manœuvre du spi.

Drisse : Cordage servant à hisser une voile.

Écoute : Cordage servant à régler l'angle de la voile par rapport à l'axe du voilier.

Étai : Câble servant à maintenir le mât par l'avant et l'empêchant de tomber vers l'arrière.

Grain : Événement météorologique au cours duquel la vitesse du vent s'accroît de façon brusque et marquée avec un net changement de direction et qui ne dure que quelques minutes.

Hale-bas : Dispositif permettant de maintenir la bôme vers le bas et de régler la forme de la voile.

Haubans : Câbles qui assurent le soutien latéral du mât.

Hydrogénérateur : Appareil immergé permettant de produire de l'électricité au moyen d'une hélice animée par le déplacement du bateau.

Lyophilisé : Produit alimentaire présenté sous forme déshydratée qui permet un gain de place et de poids ainsi qu'une plus longue conservation. Il suffit d'ajouter de l'eau au produit pour pouvoir le consommer.

Mille marin (NM ou MN) : Le mille marin, ou mille nautique, est une unité de mesure de longueur utilisée en navigation maritime. 1 MN = 1,852 km.

OFNI (Objet Flottant Non Identifié) : Objet flottant entre deux eaux (c'est-à-dire légèrement en dessous de la surface), tel qu'un conteneur, un arbre ou un cétacé (baleine, cachalot, etc.). Les collisions avec les OFNI peuvent entraîner de graves avaries.

Outrigger : Tubes de carbone implantés de chaque côté du mât qui permettent d'éloigner les haubans de l'axe du mât.

Point Nemo : Le point Nemo (d'après le capitaine Nemo, héros de *Vingt mille lieues sous les mers* de Jules Verne, et du latin "nemo", "personne") est le point de l'océan le plus éloigné de toute terre émergée.

Portant (vent) : Un voilier est au portant lorsqu'il navigue avec du vent venant de l'arrière.

Ris : Prendre un ris consiste à réduire la surface de la grand-voile en la repliant en partie. L'objectif est d'adapter la surface de la voilure à la force du vent lorsque celui-ci forcit.

Skipper : Capitaine d'un voilier.

Safran : Partie immergée du gouvernail qui sert à dévier le flux d'eau sous la coque du bateau pour le diriger.

Winch : Équipement fixe placé sur le pont d'un voilier qui permet de démultiplier la traction exercée par l'équipage sur les cordages utilisés pour contrôler la voilure.